BEI GRIN MACHT SICH IHR WISSEN BEZAHLT

- Wir veröffentlichen Ihre Hausarbeit, Bachelor- und Masterarbeit

- Ihr eigenes eBook und Buch - weltweit in allen wichtigen Shops

- Verdienen Sie an jedem Verkauf

Jetzt bei www.GRIN.com hochladen und kostenlos publizieren

Bibliografische Information der Deutschen Nationalbibliothek:

Die Deutsche Bibliothek verzeichnet diese Publikation in der Deutschen Nationalbibliografie; detaillierte bibliografische Daten sind im Internet über http://dnb.d-nb.de/ abrufbar.

Dieses Werk sowie alle darin enthaltenen einzelnen Beiträge und Abbildungen sind urheberrechtlich geschützt. Jede Verwertung, die nicht ausdrücklich vom Urheberrechtsschutz zugelassen ist, bedarf der vorherigen Zustimmung des Verlages. Das gilt insbesondere für Vervielfältigungen, Bearbeitungen, Übersetzungen, Mikroverfilmungen, Auswertungen durch Datenbanken und für die Einspeicherung und Verarbeitung in elektronische Systeme. Alle Rechte, auch die des auszugsweisen Nachdrucks, der fotomechanischen Wiedergabe (einschließlich Mikrokopie) sowie der Auswertung durch Datenbanken oder ähnliche Einrichtungen, vorbehalten.

Impressum:

Copyright © 2017 GRIN Verlag
Druck und Bindung: Books on Demand GmbH, Norderstedt Germany
ISBN: 9783668635159

Dieses Buch bei GRIN:

https://www.grin.com/document/388099

Michèle Hertzsch

Trainingsplanung für das Beweglichkeits- und Koordinationstraining

GRIN Verlag

GRIN - Your knowledge has value

Der GRIN Verlag publiziert seit 1998 wissenschaftliche Arbeiten von Studenten, Hochschullehrern und anderen Akademikern als eBook und gedrucktes Buch. Die Verlagswebsite www.grin.com ist die ideale Plattform zur Veröffentlichung von Hausarbeiten, Abschlussarbeiten, wissenschaftlichen Aufsätzen, Dissertationen und Fachbüchern.

Besuchen Sie uns im Internet:

http://www.grin.com/

http://www.facebook.com/grincom

http://www.twitter.com/grin_com

Deutsche Hochschule für
Prävention und Gesundheitsmanagement
Hermann Neuberger Sportschule 3
66123 Saarbrücken

Einsendeaufgabe

Fachmodul: Trainingslehre 3

Studiengang: WS 15

Datum
Präsenzphase: 6.11.-8.11.17

Matrikelnummer: 287853

Name, Vorname: Hertzsch, Michèle

Studienort: **Leipzig**

Semester: **5.**

Inhaltsverzeichnis

1	PERSONENANGABEN	3
2	BEWEGLICHKEITSTESTUNG	3
2.1	Beweglichkeitstestung	4
2.2	Auswertung	5
3	TRAININGSPLANUNG BEWEGLICHKEITSTRAINING	5
3.1	Begründung	7
4	TRAININGSPLANUNG KOORDINATIONSTRAINING	8
4.1	Begründung	10
5	LITERATURRECHERCHE	11
5.1	Studie 1	11
5.2	Studie 2	12
6	LITERATURVERZEICHNIS	14
7	TABELLENVERZEICHNIS	15
7.1	Tabellenverzeichnis	15

1 Personenangaben

In der folgenden Tabelle werden die Personendaten meines Probanden dargestellt.

Tabelle 1: Biometrische Daten

Merkmal	Persönliche Angaben
Alter	28
Geschlechte	Männlich
Körpergröße	170 cm
Körpergewicht	65 kg
Trainingsmotive	Beweglichkeit verbessern Muskulatur aufbauen
Berufliche Tätigkeit	Bürokaufmann
Aktuelle sportliche Betätigungen	3x wöchentlich Krafttraining – fortgeschritten, seit 2009
Frühere sportliche Betätigungen	1x wöchentlich schwimmen – fortgeschritten (2005-2014) 1x wöchentlich turnen – Anfänger (2009-2011)
Zeitlicher Verfügungsrahmen	3x wöchentlich Beweglichkeitstraining (30min) 1x wöchentlich Koordinationstraining (15min)
Allgemeiner Gesundheitszustand	Keine orthopädischen und internistischen Probleme
Ärztliche Behandlung	-
Medikamente	-
Sonstige gesundheitliche Einschränkungen	-

Für das Beweglichkeits- und Koordinationstraining bestehen keine Einschränkungen. Die Belastbarkeit kann optimal ausgenutzt werden. Somit ist ein uneingeschränktes Training möglich.

2 Beweglichkeitstestung

Eine wichtige Voraussetzung für das Erstellen eines Trainingsplans ist die Beweglichkeitstestung. Diese sollte gleich zu Beginn mit dem Kunden durchgeführt werden. Getestet werden hierbei Brust-, Hüftbeuge-, Kniestreck-, Kniebeuge und Wadenmuskulatur. Die Ergebnisse des Tests werden dann in 3 Stufen eingeteilt.

2.1 Beweglichkeitstestung

In der nachfolgenden Tabelle wird der Beweglichkeitstest nach Janda dargestellt. Ebenso können die Testergebnisse des Probanden abgelesen werden.

Tabelle 2: Beweglichkeitstest (nach Janda, 2000).

Testübung	Ausführung	Normwerte	Ergebnis bei Proband
M. pectoralis major	- Proband liegt in Rückenlage - Schultergelenk des zu testenden Armes liegt auf der Kante der Liege - Der andere Arm liegt neben dem Körper oder man testet beide gleichzeitig - Das Schultergelenk ist abduziert und nach außen rotiert - Das Ellenbogengelenk befindet sich im rechten Winkel - Als Messbereich zählt die Position des Oberarms zur Horizontalen	Stufe 0: Keine Beweglichkeitsdefizite vorhanden. Der Oberarm erreicht die Horizontale. Stufe 1: Leichte Beweglichkeitsdefizite. Der Oberarm erreicht die Horizontale durch Druck des Testers. Stufe 2: Deutliches Beweglichkeitsdefizit. Der Oberarm erreicht hier die Horizontale auch nicht durch Druck des Testers. (Janda, 2000, S.271)	Rechts: 0 Links: 0
Mm. Ischiocrurales	- Proband liegt auch wieder in Rückenlage - Ein Bein wird angewinkelt und auf der Liege abgelegt - Das Bein, welches man testen will ist gestreckt - Tester fasst nun an der Oberschenkelvorderseite und unterhalb des Sprunggelenks an - Nun wird die maximale Kniestreckung in maximaler Hüftbeugung durchgeführt - Das Becken und die LWS müssen dabei fest fixiert werden - Gemessen wird der Bereich zwischen der Beinachse und der Körperhorizontalen	Stufe 0: Eine Hüftflexion von 90° ist möglich Stufe 1: Eine Hüftflexion von 80°-90° ist möglich Stufe 2: Die Hüftflexion ist nur unter 80° möglich (Janda, 2000, S.262)	Rechts: 0 Links: 0
Mm. Triceps surae	- Proband liegt in Rückenlage, ein Bein ist angewinkelt - Das andere Bein wird gestreckt - Am zu testenden Bein greift man mit der einen Hand am Fersenbein und mit der anderen die äußere Kante des Fußes - Nun wird ein leichter Druck ausgeübt, sodass eine Dorsalextension stattfindet - Gemessen wird der Winkel zwischen Fuß und Unterschenkel	Stufe 0 Dorsalextension bis 0° möglich Stufe 1 Dorsalextension möglich, jedoch wird 0° nicht ganz erreicht Stufe 2 Dorsalextension nur bis 10° unter 0°-Stellung möglich (Janda, 2000, S.255)	Rechts: 0 Links: 0
M. iliopsoas	- Proband liegt in Rückenlage - Gesäß schließt mit der Liegekante ab und die Beine befinden sich im Überhang - Ein Bein angewinkelt heran ziehen (in Richtung Oberkörper) - Tester achtet hier auf Hüftflexion des freien Beins	Stufe 0 Oberschenkel erreicht die Horizontale Stufe 1 Horizontale wird nur durch Druck des Testers erreicht Stufe 2 Horizontale wird auch nicht	Rechts: 1 Links: 1

		- Der Hüftbeugewinkel wird analysiert und somit die Position des Oberschenkels zur Körperlängsachse	durch den Druck des Testers erreicht (Janda, 2000, S. 259)	
M. rectus femoris	-	Proband liegt wieder mit dem Rücken auf, sodass das Gesäß wieder mit dem Rand der Liege abschließt - Nun wird das eine Bein zum Körper heran gezogen - Getestet wird hier die Hüftstreckung im herunterhängenden Bein	Stufe 0 Der Unterschenkel hängt senkrecht herab Stufe 1 Der Unterschenkel erreicht 90° im Kniegelenk, jedoch nur durch Druck des Testers Stufe 2 Der Unterschenkel erreicht die 90° auch durch Druck des Testers nicht (Janda, 2000, S.259)	Rechts: 1 Links: 1

2.2 Auswertung

Bei meinem Probanden kann man leichte Defizite in der Kniestreckmuskulatur und in der Hüftbeugemuskulatur erkennen. Diese Defizite sind auf die Tätigkeit im Büro zurück zu führen.

Im späteren Koordinationstraining wird dann Wert darauf gelegt, dass diese Partien durch eine höhere Satzzahl mehr Zuwendung bekommen.

In den anderen Bereichen konnten keine Defizite nachgewiesen werden.

Beim Dehntraining werden dann ebenso alle großen Muskelpartien berücksichtigt, da diese für Bürotätigkeiten genauso wichtig sind. Wichtig, um den Verspannungen entgegen zu wirken.

3 Trainingsplanung Beweglichkeitstraining

In der nachfolgenden Tabelle wird das Dehnprogramm dargestellt. Anschließend folgt noch das Belastungsgefüge.

Tabelle 3: Dehnprogramm

Übung	Zielmuskulatur	Methode	Ausführung
1	Dehnung Nackenmuskulatur	Passiv statisch	Der Proband steht aufrecht. Die Beine sind hüftbreit auseinander. Der Blick ist nach vorne gerichtet. Nun wird der Kopf zur Seite geneigt. Die gegenüberliegende Schulter wird dann nach unten gezogen. Der Arm an der heruntergezogenen Schulter wird zudem leicht abgespreizt und die Finger

			bzw. die Handfläche nach oben gezogen. So wird die Dehnung verstärkt.
2	Dehnung Schultermuskulatur	Passiv dynamisch	Der Proband steht aufrecht. Der rechte Arm führt eine Anteversion aus. Es folgt eine Flexion im Ellenbogengelenk. Die rechte Hand liegt somit auf der linken Schulter auf. Die freie Hand übt nun Druck auf den Ellenbogen aus. Der angewinkelte Arm wird so zum Körper geschoben.
3	Dehnung Brustmuskulatur	Postisometrisch	Der Proband steht aufrecht. Die Hände werden hinter dem Körper verschränkt, dabei zeigen die Handflächen nach unten. Die Haltung bleibt aufrecht und die Schultern unten. Die gestreckten Arme werden nun für ca. 10 Sekunden nach oben angehoben und somit angedehnt. Danach wird die Dehnung für 2 Sekunden verlassen um völlig zu entspannen. Anschließend wird die Dehnposition für 20 Sekunden eingenommen. Hier muss nun auch eine deutliche Dehnung gespürt werden.
4	Dehnung der Armstreckmuskulatur	Passiv dynamisch	Der Proband steht aufrecht. Der rechte Arm führt eine Anteversion aus, sodass die Handfläche dann nach oben zeigt. Die Fingerspitzen werden dann nach unten gezogen. Die freie Hand greift die anderen Fingerspitzen und zieht diese in Richtung Oberkörper. Nun erfolgt eine Dehnung in der Armstreckmuskulatur.
5	Dehnung der Rückenmuskulatur	Aktiv statisch	Der Proband begibt sich in den Vierfüßlerstand. Der Rücken ist gerade. Der Kopf ist längst der Wirbelsäule. Die Bauchmuskulatur wird nun angespannt und die Wirbelsäule wird nach oben gewölbt. Dann wird diese wieder abgesenkt um in eine gerade Ausgangslage zurück zu kommen.
6	Dehnung der Hüftbeugemuskulatur	Passiv statisch	Der Proband begibt sich in den Kniestand. Das eine Bein wird vor den Körper gesetzt. Das vordere Bein führt somit Flexion im Kniegelenk aus. Das hintere Bein liegt mit dem Knie inklusive dem Oberschenkel auf dem Boden. Die Hände werden auf dem vorderen Bein abgestützt. Der Körperschwerpunkt wird nun nach vorne verlagert und das Becken wird dabei abgesenkt. Wichtig ist, dass der Oberkörper die ganze Zeit aufrecht bleibt.
7	Dehnung der Gesäßmuskulatur	Passiv statisch	Der Proband befindet sich in der Rückenlage. Das rechte Bein führt eine Flexion im Kniegelenk aus. Nun wird es mit dem linken Arm in Richtung linke Schulter gezogen.
8	Dehnung der Kniestreckmuskulatur	Passiv Statisch	Der Proband steht aufrecht. Das rechte Kniegelenk führt eine Flexion aus. Die rechte Hand zieht das Bein nun am Sprunggelenk Richtung Gesäß. Eine Streckung der Kniestreckmuskulatur sollte so deutlich gespürt werden.
9	Dehnung Kniebeugemuskulatur	Postisometrisch	Der Proband wieder in Rückenlage auf dem Boden. Ein Bein ist gestreckt und wird durch eine Hüftextension so weit geführt, dass eine Dehnung in der Kniebeugemuskultur zu spüren ist. Das andere Bein bleibt der Weile gerade auf dem Boden liegen. Das Bein, welches in sich in der Hüftextension befindet wird nun vom Partner fixiert. Die Kniebeugemuskulatur wird so isometrisch kontrahiert. Anschließend wird die Muskulatur komplett entspannt und daraufhin vom Trainingspartner in die maximale Hüftflexion gebracht.
10	Dehnung Zwillingswadenmuskel	Aktiv dynamisch	Der Proband geht leicht in den Ausfallschritt. Hierbei ist das vordere Bein leicht gebeugt und das hintere gestreckt. Nun werden das Becken und der Oberkörper langsam nach vorne gebeugt, bis der Dehnreiz spürbar ist.

In der nachfolgenden Tabelle wird das Belastungsgefüge dargestellt.

Tabelle 4: Belastungsgefüge

Dehnmethode	Häufigkeit pro Woche	Sätze pro Übung	Dehndauer	Intensität
Aktiv dynamisch	3x	4	ca. 45 Sekunden (15-20 Wdh.)	Maximal
Aktiv statisch	3x	4	30-45 Sekunden	Maximal
Passiv statisch	3x	4 5 Bei Hüftbeuge- u. Kniestreckmuskulatur	15-30 Sekunden	Maximal
Passiv dynamisch	3x	4	ca. 45 Sekunden (15-20 Wdh.)	Maximal
Postisometrisch	3x	4	10 Sekunden andehnen, dann 10 Sekunden entspannen, dann 20 Sekunden maximal dehnen	Erst andehnen, dann maximal

3.1 Begründung

Bei dem Beweglichkeitstraining wurde darauf geachtet, dass die Muskelgruppen, die schlechter abgeschnitten haben, mehr trainiert werden. So wird die Hüftbeuge- und die Kniestreckmuskulatur mit 5 Sätzen trainiert.

Die Häufigkeit pro Woche richtet sich nach dem zeitlichen Verfügungsrahmen des Kunden.

Beim Dehntraining ist es zudem wichtig, ein Optimum zwischen Kraft- und Dehnfähigkeit der Muskulatur zu finden (Schnurr, 2005, S. 13). Deshalb übt der Proband zusätzlich Krafttraining aus.

Eine ausgeprägte Beweglichkeit ist somit die Voraussetzung für alle anderen sportlichen Tätigkeiten.

Bei vielen Berufen und sonstigen Tätigkeiten entstehen wie auch hier muskuläre Dysbalancen. Diese entstehen einerseits durch einseitige Belastungen. So wird das muskuläre Gleichgewicht unter anderem von Beuge- und Streckmuskulatur gestört. Zur Folge hat dies zum Beispiel Fehlbelastungen der Gelenke, sowie muskuläre Funktions- und Koordinationsstörungen (Schnurr, 2005, S.13-14).

Schlussfolgernd ist zu sagen, dass sich der Schwerpunkt des Trainings auf die Muskeln und Muskelgruppen beziehen sollte, damit sich die Beweglichkeit verbessert (Walker, 2014, S. 16).

4   Trainingsplanung Koordinationstraining

In der nachfolgenden Tabelle wird das Koordinationstraining im Sinne eines Gleichgewichtstrainings dargestellt.

Tabelle 5: Übung Koordinationstraining

Übung	Grafische Darstellung	Ausführung
1		Der Proband sitzt einfach auf einem Pezziball. Die Haltung ist gerade.
2		Der Proband sitzt weiter aufrecht. Zu dem großen Pezziball kommt jetzt aber ein kleiner hinzu. Ziel ist es, auf dem großen Ball sicher zu sitzen und den kleinen Ball mit einem Fuß vor dem anderen zu kreisen.
3		Nun geht es ebenfalls im Sitzen weiter. Der Proband sitzt aufrecht. Die Beine sind vor dem Ball. Nun versucht er, die Füße leicht vom Boden abzuheben und dabei das Gleichgewicht zu halten.
4		In der 4. Übung können die Füße erst einmal abgestellt werden. Nun kommt ein Partner ins Spiel. Dieser wirft den Ball ganz normal zu.

5		Diese Übung geht ebenfalls im Sitzen weiter. Der Proband versucht hier nun die Füße vom Boden zu lösen. Am besten ist es, wenn man sich einen Punkt sucht um sich darauf zu konzentrieren. Wenn dies relativ stabil aussieht wirft der Partner den Ball zu.
6		In dieser Übung kniet man bereits auf dem Ball. Die Hände werden auf dem Boden vor dem Ball aufgestützt. Jetzt wird versucht, erst einmal ein Gefühl dafür zu bekommen.
7		Der Proband kniet weiter auf dem Ball. Jetzt versucht er, die Hände vom Boden zu lösen und an den Ball zu fassen und dabei das Gleichgewicht zu halten.
8		Ist dem Proband die letzte Übung gelungen, dann kann er versuchen sich langsam aufzurichten und das Gleichgewicht dabei zu halten. Mit dem Gesäß kann er hier noch auf den Waden sitzen bleiben.
9		Hier versucht der Proband langsam sein Gesäß anzuheben und somit aufrecht auf dem Ball zu knien.
10		Kniet er sicher, dann kann nun mit dem Ball hin und her geschossen werden.
	*eigene Abbildungen	

4.1 Begründung

Als letztes wurde noch ein Koordinationstraining für den Probanden im Sinne eines Gleichgewichtstrainings aufgestellt.

Die Übung mit dem Pezziball wurde ausgesucht, da diese sich auch in den meisten Büros ausführen lassen würde. Genau das ist der Ansatzpunkt bei meinem Probanden. Er könnte den Ball somit für die Übung nutzen, aber gleichzeitig auch als Bürostuhl.

Gerade wenn der Proband sich im letzten Teil der Übung befindet tut der Pezziball sein bestes.

Der Pezziball ist eine gute Lösung, da dieser auf die kleinen Bewegungen eingeht. So muss der Proband dem Ball ständig entgegen wirken, damit dieser nicht weg rollt. Diese kleinen Bewegungen sind meist effektiver als Große. Zudem sind die kleinen Bewegungen auch besser für die Bandscheiben, da diese immer wieder be- und entlastet werden. Allgemein bewirkt der Pezziball auch eine bessere Beckenaufrichtung, da er eine kleinere Sitzfläche hat als ein normaler Stuhl. Der wichtigste Punkt hierbei ist jedoch, dass die Koordination und auch die Gleichgewichts- und Reaktionsfähigkeit geschult werden (Jordan & Hillebrecht, 1996, S. 21-27).

Das Koordinationstraining sollte in diesem Maße, mit dem balancieren auf dem Ball 3-mal die Woche stattfinden. Sätze pro Übung, Satzpausen und die Belastungsdauer können so nicht konkret angegeben werden, da diese Übung nicht dafür ausgelegt ist. Deswegen wird der Proband versuchen, diese Übung 3-mal die Woche zu machen. Am besten wäre es, wenn er dies dann 30-40 min lang üben würde. So kann er auch in eine ruhige Phase versetzt werden. In dieser arbeitet er dann konzentriert an seinem Gleichgewicht.

5 Literaturrecherche

5.1 Studie 1

In der nachfolgenden Tabelle wird die erste Studie präsentiert.

Tabelle 6: Studie 1

Frage	Studie
Name der Studie	Dehnen und Leistung – primär psychophysiologische Entspannungseffekte?
Wer hat die Studie durchgeführt?	Wiemeyer, J.
In welchem Jahr wurde die Studie publiziert?	2003
Mit welchen Personen wurde die Studie durchgeführt?	Die Studie wurde mit 4 Erwachsenen durchgeführt. Darunter waren 6 Frauen und 8 Männer. Die Versuchspersonen waren im Durchschnitt 21 Jahre alt, 174 cm groß und 66 kg schwer.
Wie sah der Versuchsaufbau der Studie aus?	Zunächst wurden die Hauptmuskeln (Hüftstrecker, Kniestrecker, Hüftbeuger, Kniebeuger, Fußbeuger) drei Mal für 20 Sek. passiv- statisch gedehnt. Es gab hier einen AB- und einen BA-Plan. Die Probanden wurden also 2x untersucht. Die Aufgabe war es, einen vertikalen Strecksprung mit Ausholbewegung durchzuführen. Im Test gab es dann 4 Versuche aus denen der Mittelwert gebildet wurde. Die Phase A sah wie folgt aus: 4 Standhochsprünge 5 min standarisiertes Aufwärmen 4 Standhochsprünge Statisches Dehnen (6 Min) 4 Standhochsprünge Phase B: 4 Standhochsprünge 5 min standarisiertes Aufwärmen 4 Standhochsprünge Entspannung (6 Min) 4 Standhochsprünge In der Auswertung wurde mit der Normalverteilung und mit Hilfe des Kolmogorov-Smirnov-Tests und der Lillie-fors-Korrektur gearbeitet. Eine Normalverteilung war nicht gegeben, deswegen wurden Mittelwertunterschiede mit dem Wilcoxon Test geprüft. Außerdem wurden Zusammenhangshypothesen mit Hilfe der Rangkorrelation nach Spearman geprüft.

Welche relevanten Ergebnisse lieferte die Studie?	Die Test-Retest-Reliabilität war signifikant positiv. Des Weiteren ist die Sprunghöhe mit dem Aufwärmeffekt um 4,5% gestiegen. Zudem sank nach dem Dehnen die realisierte Sprunghöhe um 2,6% und nach dem Entspannen um 2,2%. Ein Abfall der Sprunghöhe war bei 12 Versuchspersonen nach dem Dehnen zu erkennen und bei 10 Personen nach dem Entspannen. So kann man sagen, dass Die Veränderung der Sprunghöhe nach dem Dehnen und Entspannen signifikant korrelieren. Zudem war die Veränderung der Sprunghöhe bei 9 Probanden deutlicher und bei den anderen 4 genau anders herum.
Schlussfolgerungen	Es werden in dieser Studie die negativen Effekte des statischen Dehnens auf Kraft- und Schnellkraftleistung bestätigt.
Quellen	(nach Wiemeyer, 2003, S.293)

5.2 Studie 2

In der nachfolgenden Tabelle wird die zweite Studie präsentiert.

Tabelle 7: Studie 2

Frage	Studie
Name der Studie	Veränderung der Reaktionszeit und Explosivkraftentfaltung nach einem passiven Stretchingprogramm und 10minütigen Aufwärmen
Wer hat die Studie durchgeführt?	Henning, E. M. & Rosenbaum, D.
In welchem Jahr wurde die Studie publiziert?	1997
Mit welchen Personen wurde die Studie durchgeführt?	Sie Studie wurde mit 55 männlichen Sportstudenten aus verschiedenen Disziplinen durchgeführt. Das Alter lag bei 25,3 Jahren ± 4 Jahren, die Körpergröße bei 181,9 cm ± 5,7 cm und das Körpergewicht bei 747,5 N ± 78,5 N
Wie sah der Versuchsaufbau der Studie aus?	Die Messung erfolgte nach drei Versuchsbedingungen. Es wurde gemessen: im unvorbereiteten Zustand (=PR) nach dem Stretching (=POS) (statische Wadendehnung von 3 Minuten von je 10-15 Sekunden) nach dem Lauf (Lauf auf Laufband mit frei gewählter, langsamer Geschwindigkeit) Gemessen wurde: der Aufwärmeffekt: - mit digitalem Thermometer wurde die Temperatur auf der Haut über dem medialem Kopf de Gastrocnemius gemessen die Leistungsfähigkeit der rechten Wadenmuskulatur

	- Probanden mussten auf ein akustisches Signal so schnell und kräftig wie möglich reagieren und wieder entspannen - Kraft wurde auf eine Fußplatte übertragen die Flexibilität im Sprungelenk - wurde mit Hilfe von einer Vorrichtung ermittelt - hier wurde an einer Umlenkrolle ein 13kg Gewicht befestigt, welches den Fuß mit einem Drehmoment von 13Nm in Richtung Dorsalflexion zog - schließlich wurde das Winkelausmaß gemessen die Muskelaktivität des medialen Gastrocnemiuskopfes - gemessen wurde hier mit Elektroden
Welche relevanten Ergebnisse lieferte die Studie?	Ergebnisse nach dem Stretching: Nach dem Laufen konnte eine signifikante Temperaturveränderung der Haut vom 1,7 Grad Celsius festgestellt werden. Die Hauttemperatur beim Stretching hat sich dazu im Gegenteil nicht verändert. Sowohl nach dem Warmlaufen und dem Stretching konnte eine signifikante Erhöhung der Dorsalflexion festgestellt werden. Die Gesamtreaktionszeit verkürzte sich auch nur nach dem Warmlaufen. Da jedoch hochsignifikant um ca. 6ms. Zudem wies die elektromechanische Verzögerung beim Soleus verkürzte Werte auf. Nach dem Stretching fiel die max. entwickelte Kraft geringfügig ab, stieg aber nach dem Warmlaufen hochsignifikant um 15% an. Hochsignifikant erhöhte sich auch die Kraftanstiegsrate nach dem Laufen. Ebenfalls um 15%.
Schlussfolgerungen	Es kann gesagt werden, dass Stretching alleine zur Beeinträchtigung der sportlichen Leistung führt. Die Fähigkeit der Kraftentfaltung wird ebenfalls gemindert.
Quelle	(nach Henning & Rosenbaum, 1997, S.99)

6 Literaturverzeichnis

Henning, E. M., Rosenbaum, D. (1997). Veränderungen der Reaktionszeit und Explosivkraftentfaltung nach einem passiven Stretchingprogramm und 10minütigen Aufwärmen. *Deutsche Zeitschrift für Sportmedizin, 48* (3), 95-99.

Janda, V. (2000). *Manuelle Muskelfunktionsdiagnostik* (4. Aufl.). München: Urban & Fischer

Jordan, A., Hillebrecht, M. (1996). *Gymnastik mit dem Pezziball. Übungsprogramme.* Aachen: Meyer & Meyer

Schurr, S. (2005). *Kraft und Beweglichkeit im Ausdauersport. Leistungssteigerung durch funtionelles Training.* Norderstedt: Books on Demand GmbH.

Walker, B. (2014). *Anatomie des Strechings. Mit der richtigen Dehnung zur Beweglichkeit* (1. erweiterte und überarbeitete Aufl.). München: riva.

Wiemeyer, J. (2003). Dehnen und Leistung – primär psychophysiologische Entspannungseffekte? *Deutsche Zeitschrift für Sportmedizin, 54* (10), 288-294.

7 Tabellenverzeichnis

7.1 Tabellenverzeichnis

Tabelle 1: Biometrische Daten 3
Tabelle 2: Beweglichkeitstest (nach Janda, 2000). 4
Tabelle 3: Dehnprogramm 5
Tabelle 4: Belastungsgefüge 7
Tabelle 5: Übung Koordinationstraining 8
Tabelle 6: Studie 1 11
Tabelle 7: Studie 2 12

BEI GRIN MACHT SICH IHR WISSEN BEZAHLT

- Wir veröffentlichen Ihre Hausarbeit, Bachelor- und Masterarbeit

- Ihr eigenes eBook und Buch - weltweit in allen wichtigen Shops

- Verdienen Sie an jedem Verkauf

Jetzt bei www.GRIN.com hochladen und kostenlos publizieren